Matteo Corfiati

Quello che abbiamo capito del virus

1a Edizione
ISBN: 9781949685961
Copyright © 2020 LA CASE

LA CASE Books

PO BOX 931416, Los Angeles, CA, 90093.
info@lacasebooks.com || www.lacasebooks.com

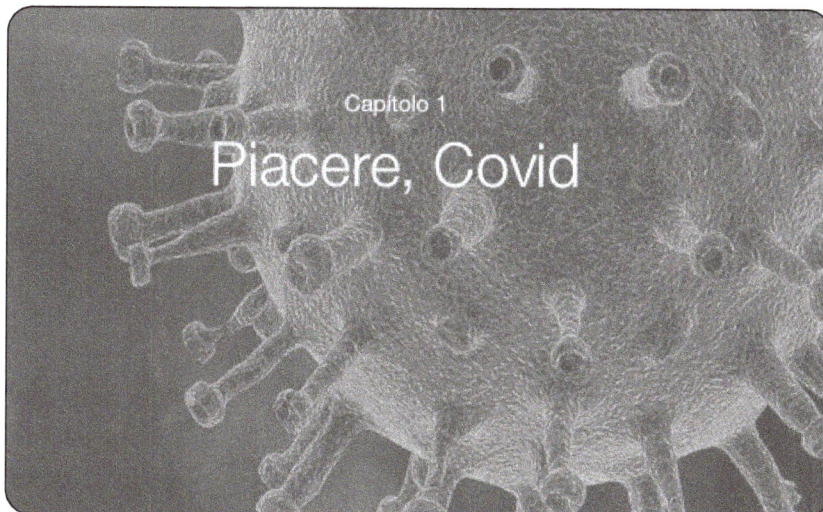

Capitolo 1
Piacere, Covid

Coronavirus è il cognome perché i Coronavirus sono tanti, una grande famiglia che neanche i Casamonica. Una famiglia di successo: negli anni scorsi anche i suoi fratelli, Sars e Mers, hanno raggiunto una certa fama. Ne avrete sentito parlare. È figlio di pipistrelli ma con i Batman non c'è nessuna parentela.

Lui, in ogni caso, è il piccolo di famiglia: si chiama Covid-19. Quindi, per esteso: Covid-19 Coronavirus (codice fiscale CRNCVD19T20F205C).

Di lui sappiamo che ha origini cinesi ma ha vissuto in Germania prima di arrivare in Italia, forse alla fine dell'anno scorso. Sta da noi da febbraio, anche se pare sia arrivato ben prima, e ha parenti in tutto il mondo. Pure da loro.

In Italia però si trova particolarmente bene anche se iniziamo a non sopportarlo più. Si sa, l'ospite dopo tre giorni è come il pesce: puzza. Dev'essere più italiano che cinese o tedesco, comunque, perché attacca bottone con tutti al punto da diventare un gran rompicoglioni.

Ed è per questo, forse, che sia i cinesi che i tedeschi non ci hanno avvertito quando si è trasferito qui. Speravano di liberarsene.

Invece no.

Capitolo 2

Il capoccione e i suoi nemici

Riconoscere Covid è facile perché ha - anzi, è - un capoccione con i chiodi di garofano rossi tutto intorno.

Covid sta sul cazzo a tutti e, quindi, ha tanti nemici. Lui da solo contro gli altri, come Neo con gli agenti Smith ("un virus: gli esseri umani sono un'infezione estesa").

Gli agenti Smith sono i virologi. Abbiamo scoperto che in Italia ci sono più virologi che sacchetti usa e getta al supermercato. Ce ne sono ovunque. In tv, alla radio, sui giornali, su internet, a casa dei vicini, persino negli ospedali. Ci sono i super top alla Burioni e i meno top ma altrettanto convincenti come il mio amico di Bitonto, che però ha un negozio di ortofrutta.

Per fortuna che ci dicono molto. Tutto. Troppo. Dicono. Elaborano. Snocciolano. A volte insegnano.

Dicono che Covid passa nel 2021. Nel 2022. In autunno. Nell'autunno del 2021. Del 2022. Non passa. Si ferma. Due anni, forse tre. Dipende. Dal paziente zero. Da R0. Errezero, che è il numero di riproduzione di base, cioè quante persone contagia un paziente che ha conosciuto il capoccione di cui sopra. Cioè se è zero equivale a zero ma se è 1 è R0 (errezero) ma vale uno, se è 2 vale due e così via.

Dipende, comunque.

Anche perché siamo sul plateau. Eh? Plateau. "Platò". Ah. Cioè? Treccani: "Nella toponomastica delle Alpi Occidentali, ripiano in zona montuosa", dove le Alpi sono disegnate da picchi e cali delle statistiche che sembrano una tappa del Giro d'Italia.

Ok. Quindi? Quindi niente. I virologi parlano. Litigano tra loro, anche, perché fondamentalmente non si sopportano. Godono se gli altri sbagliano, anche se Covid gode di più e quei poveri cristi di medici e infermieri continuano a crepare.

Perché non si fanno i test? Perché continuano a morire così tante persone? Come vengono conteggiate? Perché si svuotano le terapie intensive? Non importa, l'importante è che continuiate a starnutirvi nel gomito. Di restare a casa potevano dircelo prima.

Invece no.

Capitolo 3

L'appuntamento delle sei

Non basta che ogni giorno ti dicano che non ce la farai. Che morirai. Solo. Che i tuoi parenti non ti vedranno morire. Che non verranno al tuo funerale. Che non sapranno come sei morto. Se eri sereno. Se eri cosciente. Se stavi piangendo. Se sei morto chiamando Dio, chiedendogli scusa o mandandolo a quel paese. Non sapranno dove sei sepolto, almeno per un po'.

Non basta che non avrai un funerale. Non ci saranno il prete, i tuoi amici. I tuoi parenti piangeranno. Senza una bara, senza una fossa, senza una lapide. Non basta. No.

Perché alle sei, tutti i giorni, c'è la funzione. In Lombardia anche un'oretta prima, ma con due signori che non sembrano avere idea di cosa parlano. L'appuntamento delle sei.

7

Parlano in due, uno della Protezione Civile e uno a muzzo. A social unificati. Ringraziano tanti, comunque alcuni, sempre pochi. C'è quello giovane, c'è quello vecchio. C'è quello lento, c'è quello timido. C'è quello figo, c'è quello sfigato. Quello che parla con la bocca storta.

Sparano cifre. Parole difficili, a volte. Concetti credibili. Ma inutili. Danno i numeri. Ripetono concetti, raccomandazioni. Fanno minilezioni universitarie. Che ormai non fregano un cazzo a nessuno. Fanno considerazioni. Pongono problemi. Pensavamo anche soluzioni.

Invece no.

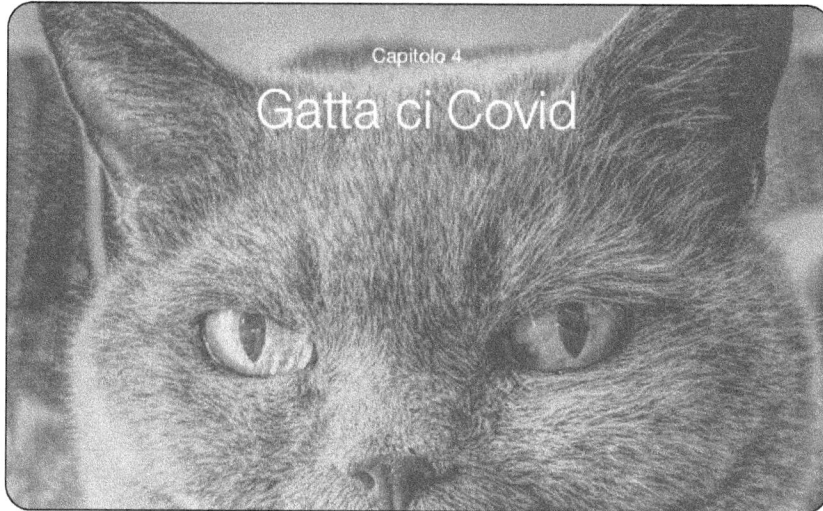

Capitolo 4

Gatta ci Covid

I numeri di Covid-19 Coronavirus sono ufficiali ma non lo sono. Cioè, lo sono ma tanto non sono reali. Neanche approssimativi. Sono 10, 20 volte tanto. Magari 5 o 7 oppure 8. Di più, comunque. Magari. Forse. O forse no.

Ci sono i contagiati, i morti, i sopravvissuti, i ricoverati, i dimessi, i guariti, i dimessi ma non guariti, i guariti ma non dimessi, i guariti senza saperlo, i malati senza volerlo. In ogni caso più uomini che donne, più vecchi che giovani. Più malati che sani. Più al Nord che al Sud.

Perché? L'inquinamento, la latitudine, la densità di popolazione, la vicinanza del mare, il jogging, il fumo, la mascherina, i cinesi che c'erano e sono spariti. Anche i cani, forse, ma forse non i gatti.

9

Forse perché è un esperimento di laboratorio finito male. Lo dicono i prof dell'Università della Vita. Ah, no, c'è cascato anche Trump, uno che in quell'Università ha preso un dottorato.

Anyway: l'importante è non dimenticarsi le mascherine (e anche le museruole, a 'sto punto): ffp2, ffp3 ma van bene anche quelle chirurgiche, bianche o azzurre ma anche fai da te con reggiseni e pannolini. Sennò la sarta sotto casa le fa da dio e anche colorate, se riesce ci mette pure Paperino per i bambini. Ci sono anche quelle griffate, ovviamente quelle tarocche e per una volta se son cinesi non lo sono.

Su YouTube ci sono i tutorial: per farle, per lavarle addirittura per indossarle anche se qualcuno non l'ha capito. Ti danno anche consigli su come abbinarle con il tuo outfit, si sa mai che riesci a cuccare quando vai a fare la spesa. Al Nord devi metterle sempre, anche quando vai a pisciare. Quando dormi. Quando ti lavi i denti.

Ci hanno detto che con la mascherina non c'era contagio. Che #andràtuttobene.

Invece no.

Capitolo 5

Il supermercato dell'incubo

Ieri notte ho avuto un incubo. Ho sognato di andare a fare la spesa. Nell'incubo faccio colazione con calma. Una lunga doccia. Di quelle in cui rifletti. Pensi a tante cose, o a poche ma importanti. Mi vesto con calma. Prendo il giubbotto. Mia madre piange. Mi abbraccia: "Stai attento". Annuisco.

Metto i guanti e il foulard. Sì, perché in Lombardia se non hai la mascherina puoi uscire ma con una sciarpa o un foulard. Così ci lasci la pelle, ma con stile.

Prendo la macchina, sospiro e vado. Una signora parcheggia un secondo prima di me. Stronza, ha anche la ffp3. L'ultimo modello, di quest'anno. Io sono griffato Upim, di almeno cinque anni fa.

Fuori c'è la coda, la signora è davanti a me di un paio di metri. Hanno detto di stare a uno, ma meglio due. Dietro arriva un tipo un po' grunge. Lo scannerizzo. A occhio sarà lontano un metro e 68, 69.

Passettino avanti. Un ragazzo un po' più avanti tossisce. Una volta sola, magari gli è andata di traverso la saliva. Viene guardato male come se avesse bestemmiato ad alta voce in chiesa la domenica di Pasqua.

Un signore scuote la testa. Non ero così teso dalla finale dei Mondiali 2006. Respiro come Darth Vader.

Passa un'ora. Ci sono. L'indiano mi punta la pistola alla tempia. Spara, dai. Facciamola finita. È per misurare la temperatura. Non ho febbre. Entro.

Con quello che devo comprare ci campa tranquillamente per un annetto una nazione di media grandezza. Nel carrello metto anche cose che non compro mai: ma che cazzo ci faccio la confezione da 10 Arbre Magique, due aste per i selfie e sei grucce? Boh.

Poi, l'inevitabile. Fermo in mezzo al corridoio, mi giro. C'è una vecchia che mi viene incontro. Guardo a destra, a sinistra. In alto. Non ci sono vie di fuga. Sudo sotto il foulard.

Che faccio? Scappo? Trattengo il respiro? Mi schiaccio contro gli scaffali e respiro dall'altra parte?

Mi sveglio di soprassalto. Secondo me solo i Daft Punk vanno sereni al supermercato.

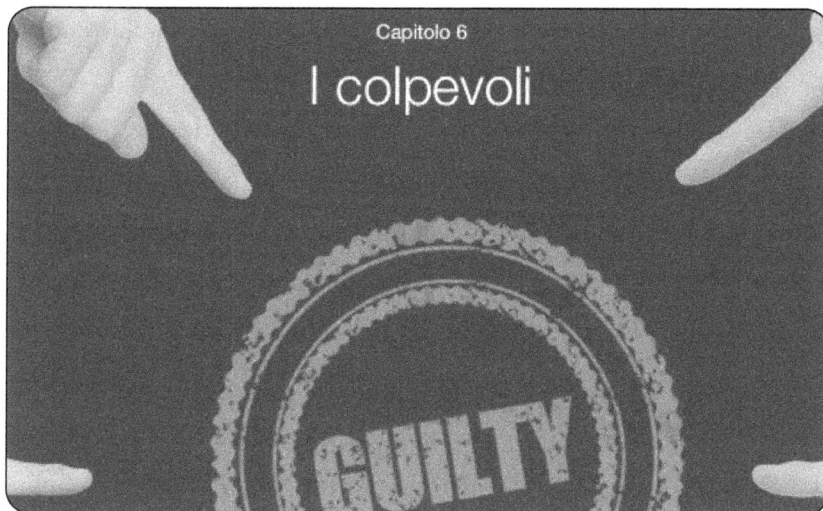

Capitolo 6

I colpevoli

Di chi è la colpa? Quando c'è un'emergenza, in genere, si cerca per prima cosa la soluzione.

Qui no. In Italia cerchiamo innanzitutto il colpevole, che la soluzione tanto prima o poi si trova. Non lavoro, non esco. Fatemela prendere con qualcuno.

La colpa è di chi governa. Di Conte (Giuseppi, non Paolo e non Antonio). Perché non ha previsto. Non ha prevenuto. Che "prevenire è meglio che curare". Conte: colpevole. Non cura. Tergiversa. Non decide. Non risolve. Non guarisce. Non cammina sulle acque. Non moltiplica tamponi e test. Pani e pesci.

La colpa è della sinistra. Che non fa la sinistra. Della destra, che son tutti fascisti. Dei 5 Stelle, che non sono capaci. Della Protezione Civile. Di Fontana (Attilio, non Federica, Lucio o Jimmy). Del Trivulzio. Dei sindaci. Di #Milanononsiferma. Dell'aperitivo. Dell'Atalanta. Dell'Europa. Delle Banche. Della Merkel. Degli olandesi. Dei cinesi. Dei milanesi. Dei focolai. Di quelli del Nord. Di quelli del Sud che stavano al Nord ma hanno preso il treno e sono tornati al Sud. Dell'OMS. Dell'ISS. Del MES. Dei giornali. Dei giornalai. Degli immigrati. Degli scienziati. Che non danno soluzioni. Spiegano perché, ma non quando e come.

Ma alla fine la colpa è dei runner, che in Italia ce ne sono più che in Kenia.

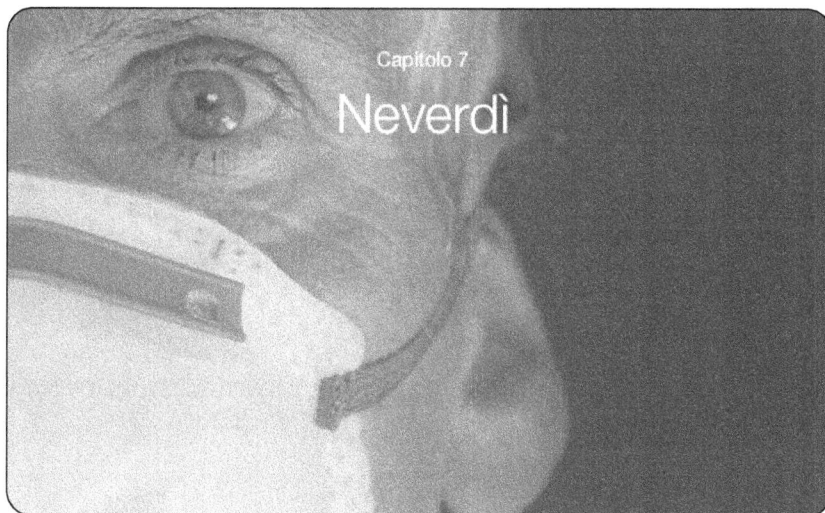

Capitolo 7

Neverdì

Da quando Covid è venuto a trovarci si è fermato tutto. Niente più lavoro. Niente più scuola. Niente più caffè al bar. Niente più pranzi, cene, aperitivi. Apericene. Dopocena. Niente più concerti. Niente teatri, cinema. Locali, pub. Niente più partite, nemmeno in televisione. Niente appuntamenti, niente più abbracci. Non ci sono più scadenze: ogni giorno è uguale al prossimo. O a quello prima.

L'unica cosa che Covid non può ammazzare è il tempo. Quello tocca a noi, ognuno come può.

All'inizio si cantava dai balconi. Una volta, due tre. Poi ci siamo rotti del vicino. E di Rino Gaetano. E di Vasco. Il cielo è sempre più blu: ok. Vivere: ok. Ora basta, però. C'è chi cucina. Di tutto. A tutte le ore. Sveglia, e si pensa

17

al pranzo. Pennica, poi si pensa alla cena. C'è chi divora serie tv. Chi cammina sul terrazzo. Sotto casa. Chi fa le pulizie. Chi fa ginnastica. Chi il tapirulan. Chi va sulla cyclette. Gli ultimi due ormai introvabili come l'amuchina, di questi tempi, e i Nutella Biscuits quando ancora avevamo una vita. C'è chi fa zumba.

Fino a poco tempo fa anche stampare autocertificazioni poteva unire l'utile al dilettevole, ma purtroppo il Governo ha perso l'abitudine di aggiornare il documento.

C'è chi porta fuori il cane. Chi gioca alla Playstation. Chi gioca coi figli. Chi ci fa i compiti. Chi passa ore a inoltrare messaggi su whatsapp. C'è persino chi lavora. Smart working. Ci sono quelli cui hanno ridotto lo stipendio ma che lavorano più di prima, da casa. C'è chi compra compulsivamente su Amazon. Chi parla alla finestra col vicino. C'è chi guarda la tv, così può sentir parlare di Covid allo stesso modo ma con toni diversi. C'è chi guarda la tv, si lamenta perché si parla solo di virus e ignora il fatto che il telecomando è lo strumento più democratico del mondo: se qualcosa non ti piace puoi cambiare canale. C'è chi sta sui social e commenta. Non importa cosa, non importa chi, né dove, come e quando. Raffiche di commenti. C'è anche chi legge. Chi studia.

E poi c'è la videochat. Quel simpatico mosaico di facce in cui hanno tutti la tuta, la barba, i capelli arruffati che sembra il Gioco dei Nove dei poveri con lo sfondo di una cucina, una libreria, comunque un muro.

Pensavamo che sarebbe passato tutto in fretta.

Invece no.

Capitolo 8
Dicono di noi

Dicono che, poi, non torneremo come prima. Che niente sarà come prima. Che non saremo gli stessi. Ce lo dicono fior di filosofi, pensatori, sociologi, scrittori. Ci dev'essere un boom nel mercato delle palle di cristallo.

Dicono che noi cambieremo, che saranno diversi gli altri. Che cambierà il nostro rapporto con le istituzioni. Con le regole. Che avremo altri strumenti. Ne avremo meno, in alcuni casi. Ne avremo diversi, in altri. Ne avremo di più, forse. Che cambierà il nostro modo di lavorare. Di comunicare. Che non cambierà la nostra indole, probabilmente, ma probabilmente cambierà il nostro carattere. Che cambierà la percezione della realtà. Che cambierà l'organizzazione personale del tempo. Che apprezzeremo di più le piccole cose. Le cose degli altri. Che questa è una grande occasione.

Così dicono. In base a cosa, non si sa. E allora è anche possibile che, poi, saremo come prima, non avremo imparato un cazzo e quindi saremo "solo" più poveri, da tanti punti di vista.

Capitolo 9

Caro vicino

Caro vicino,

che strimpelli tutti i giorni,

che ti credi Mick Jagger,

che fai il karaoke,

che ti senti Al Bano,

che canti contro il virus,

ogni sera,

ogni sera alle sei,

che urli stonato,

come uno sbadiglio,

un urlo di dolore,

che alzi il volume,

che dai il microfono a tua figlia,

che non si capisce una mazza,

che canta che ti passa,

che Rino Gaetano,
che Vasco Rossi,
che Raffaella Carrà,
che canti l'inno,
che coinvolgi il tizio al balcone,
che non ti caga,
che ti guarda perplesso.

Caro vicino,
che resisti indeFesso,
perché cantare è importante,
perché il tuo balcone è come lo stage di Woodstock,
che accendi l'ampli e il virus si fotta.

Caro vicino,
mi stai simpatico,
"ti stimo moltissimo",
hai sicuramente buone intenzioni.
Ma, caro vicino,
ascoltami,
credimi,
fidati:
hai rotto il cazzo.

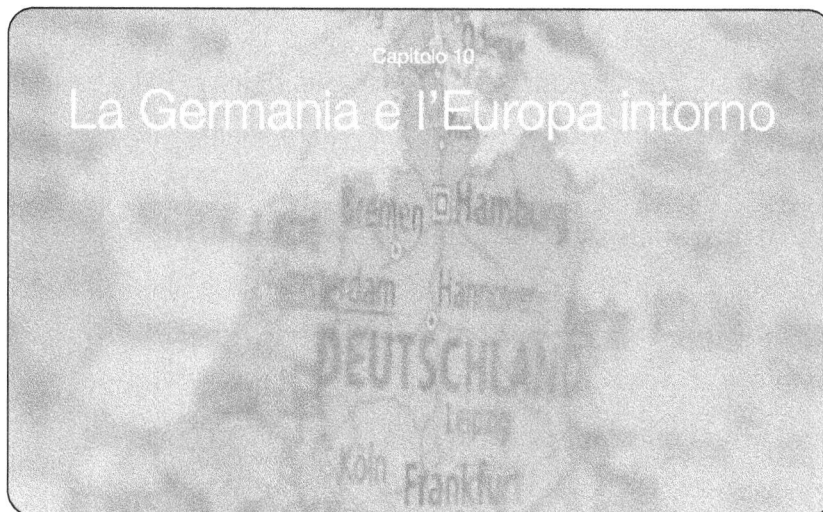

Capitolo 10

La Germania e l'Europa intorno

Ok, noi siamo nella merda. Ma gli altri?

ASIA

I cinesi sono più avanti, hanno quasi risolto anche se noi, comunque, di loro non ci fidiamo a prescindere. Da quelle parti, anche i coreani e i giapponesi sono messi benino e se la tirano perché hanno un tasso di mortalità più basso di Suso. Sabato in Bangladesh c'è stato un festone con 100mila persone per strada. Con un sacco di benzinai, pare.

OCEANIA

Boh, è lontana.

AMERICA

Negli USA Trump prima ha fatto lo splendido, poi si è cacato, ora riapre e in Florida sono tutti in spiaggia. In Messico la figlia del "Chapo" (uno che ne ha accoppati molti più del virus) distribuisce aiuti, come se la figlia di Riina venisse a portarti la pasta a casa. In Brasile Bolsonaro ha definito Covid come "un'influenzetta", solo che nelle favelas – dove da decenni collezionano malattie virali – non la pensano così e infatti cadono come mosche.

AFRICA

In Africa nessuno conterà mai i morti perché i poveri purtroppo non interessano a nessuno quando va tutto bene, figuriamoci quando va tutto male.

EUROPA

I belgi son messi malissimo, i francesi maluccio (po-poroppo-poppoooooo). Ah, com'era la storia andata su Canal+ della pizza coronavirus col pizzaiolo italiano che ci tossiva e sputava sopra...?

Alzi la mano chi non ha dato del coglione a Boris Johnson quando è risultato positivo in Inghilterra, dove pure loro hanno grossi problemi e dove Christian Jessen, il medico di "Malattie Imbarazzanti", un mese fa diceva che il virus era una scusa che gli italiani usavano per prolungare la siesta. Che si fa in Spagna, tra l'altro. Ecco, la Spagna: insieme alla Grecia, è il Paese che noi italiani consideriamo più derelitto del nostro. E infatti son messi male. I greci no, li schifa pure il virus e chissene se "una fazza, una razza". In Portogallo – che noi italiani non consideriamo proprio – sono stati bravi: pochi morti e pochi contagi, ma per far vedere che non contano proprio zero hanno infettato Sepulveda.

In Scandinavia se ne fottono, dei Paesi dell'est frega un cazzo a nessuno. E Olanda merda, che non ci danno una lira (neanche quella).

Insomma, le uniche nazioni Paesi in cui tutto fila liscio sono la Russia, l'Ungheria e La Corea del Nord. Chissà perché.

Resta un'unica domanda: come minchia fanno i tedeschi? Hanno sempre un piano, mannaggia, non vanno neanche di corpo senza avere un piano. L'Europa è appestata, loro hanno l'Europa intorno ma niente, aveva ragione Voltaire: "In fondo a un problema trovi sempre un tedesco".

Pensavamo per una volta di poter dare noi una lezione a loro.

Invece no.

Capitolo 11
Medici senza barriere

Come in tutte le storie maledette ci sono le vittime, ma ci sono anche gli eroi.

Ai tempi dell'11 settembre gli eroi americani sono stati i pompieri. Molti volontari, alcuni consapevoli che non sarebbero tornati. I pompieri - quelli rimasti sotto le Torri ma anche i loro colleghi, quelli che lo possono raccontare - negli Stati Uniti e ancora di più a New York sono reliquie. Se chiedi qualcosa di loro, per strada, la gente si illumina. Gonfia il petto. Ti fa strada. Ti fa vedere un posto, una foto. Racconta.

I medici, gli infermieri, il personale sanitario del maledetto Covid sono i nostri pompieri dell'11 settembre. Mandati allo sbaraglio. Senza protezioni, senza barriere contro il virus.

Consapevoli del rischio ma dediti alla causa, all'emergenza, al loro lavoro, al destino del prossimo prima ancora del proprio. Loro forse non vorranno essere chiamati 'eroi'.

Noi forse non gonfieremo il petto, forse non conosceremo mai le loro storie. E li daremo per scontati. Nonostante l'abnegazione, il senso del dovere, lo spirito di sacrificio, la solidarietà, l'altruismo, l'etica, la sofferenza, la resistenza. Non chiesti, non dovuti, ma fondamentali.

Li daremo per scontati. Daremo loro una medaglia, quattro belle parole e un calcio in culo. Magari un monumento ai medici caduti.

Li daremo per scontati. Senza pensare che in nessun mestiere, oggi, qualcuno ti chiede di essere figlio, moglie, padre o amica di uno che sta morendo anche se non lo sei. Di essere l'ultimo a stringere una mano, a dire qualcosa, a fare un sorriso, a dare conforto.

Li daremo per scontati. Ma speriamo di no.

Ai numeri degli ammalati causati dal Covid c'è da aggiungere una categoria: quella dei genitori. Chiusi in casa, più impegnati di prima. Più stressati di prima. Nervosi. Stanchi. Sporchi. Tristi. Isterici.

Costretti a dividere h24 la propria vita con quelle di altri due, tre o più individui con cui - i patti erano chiari – si stava insieme ma solo in alcuni orari.

Costretti a guardare con attenzione la chat whatsapp dei genitori della classe. Dei rappresentati di classe. Anche degli insegnanti se i genitori sono anche insegnanti. E, se insegnanti, costretti a imparare a fare gli insegnanti dei piccoli se abituati a scuola coi grandi e viceversa.

Costretti, tutti gli altri che insegnanti non sono, a inventarsi educatori con i figli più piccoli e maestri con quelli più grandi. Costretti a ripassare le tabelline, le ere geologiche, gli Egizi. Costretti a guardare 50 volte alla settimana la stesse puntate di Bing, di Masha e Orso, dei Pigiamini.

Ormai esperti di didattica a distanza. A volte esperti di tecnologia quando la stampante si inceppa e il nano sbraita perché deve mandare i compiti alla maestra. Calma, sarà il toner. Calma, si sarà incastrato un foglio. Calma, apro lo sportello uno. Il due. Il tre. Calma, sarà la cartuccia del nero. Del rosso. Del blu. Del verde. Del giallo. Controllo il filo. La spina. Ma c'è la luce?

Oh, ma vaffanculo.

Onestamente: all'inizio del 2020 d.C. (dopo Covid) chi, esclusi gli addetti ai lavori, sapeva che il Presidente della Regione Piemonte si chiamava Cirio? Chi aveva mai sentito parlare quello della Lombardia, Fontana? Chi era al corrente che Nicola Zingaretti stava continuando a prestare il fianco della sua trascinante leadership anche alla guida del Lazio, oltre che del PD? Chi, al di là delle imitazioni di Crozza, aveva mai seguito un intervento di De Luca in Campania? Pochi, credo.

E chi sa che a capo del Molise c'è Caparro? Nessuno. E infatti me lo sono inventato ma tanto è uguale (in realtà c'è tale Toma).

Covid sta offrendo la ribalta ai Presidenti, cosa che non si verificava dai tempi di Point Break. I Presidenti delle Regioni, che fino a febbraio non si cagava nessuno. E che ora si scannano su qualsiasi cosa. De Luca contro Fontana. Fontana contro Zingaretti. Rossi contro Conte. Zaia contro il Sud. Santelli contro Cirio. Uno spettacolo interessante, sembra la Royal Rumble del wrestling: birra e popcorn.

In tutto questo casino una cosa è chiara a tutti: dati alla mano, meglio il Sud rispetto al Nord. Il Sud, d'altra parte, è migliore del Nord in tantissime cose.

Capitolo 14

Le parole che non ti ho detto

A tutti i virologi da tastiera,

a tutti gli infettivologi dell'Università della Vita (quella sì, sempre aperta),

a tutti i wikicostituzionalisti,

a tutti gli amministratori da giardino,

a tutti gli esperti da salotto

di logistica,

di protezione civile,

di ingegneria medica,

di picchi,

ornitologici e non,

a tutti i maestri da bar di comunicazione,

di linguaggi web,

di immagine,

a tutti i veggenti da strapazzo,

che avete i tempi,
le soluzioni,
non i rimedi ma i palliativi,
quelli efficaci.

A tutti voi che sapete tutto,
che criticate tutto,
che lo fareste meglio,
che lo fareste prima,
che l'avevate detto subito.
Che quello è giusto, che quello è sbagliato.

Che Conte, Crimi (no, non Creamy), Di Maio, Zingaretti, Salvini, Meloni, Renzi, Berlusconi, Fontana e Bonaccini, Cirio e Zaia. E De Luca.
E Musumeci.

Come per chi canta sul balcone: avete rotto il cazzo.

È facile fare il figo col virus degli altri.

Capitolo 15
L'aprile che non c'è

Ad aprile, in genere, accadono di sicuro tre cose.

1. C'è Pasqua e di solito hai già verificato con almeno 4-5 mesi di anticipo se si può fare il ponte con il 25 aprile.
2. "Ogni goccia un barile". Piove. Spesso. A Pasquetta ancora più spesso.
3. La Juve esce dalla Champions League.

Covid, che è uno cui non piacciono gli stereotipi, ha scombinato (quasi) tutto.

1.

Pasqua è rimasta, ma il ponte è crollato. Non perché non ci sarebbe stato ma perché tutto il mese è diventato un unico, lunghissimo e noiosissimo ponte.

Ma noi, atei o no, abbiamo festeggiato comunque la Resurrezione di Cristo. Almeno lui è uscito dal Sepolcro. Noi, tombati in casa, no. Quindi abbiamo cercato la normalità nel solito modo.

Abbiamo assalito i supermercati. Abbiamo apparecchiato con i piatti quelli belli e le posate delle grandi occasioni. Ci siamo tolti il pigiama. Ci siamo lavati.

Abbiamo cucinato come se non ci fosse un domani, che in effetti – stando a quello che stiamo vivendo – probabilmente non c'è.

Abbiamo messo in tavola di tutto, dalla torta pasqualina ai casatielli, trentasette varietà di lasagne, gli anelletti al forno, abbiamo fatto strage di agnelli, dato la caccia al coniglio, fatto la paranza dei pesci che avevamo in freezer, spaccato uova di cioccolato che neanche Willy Wonka, sterminato colombe.

Abbiamo messo un paio di chili in un paio d'ore, come al solito. Abbiamo preparato per tutta la famiglia fino al quinto grado di parentela.

E abbiamo consumato tutto in 4. 3. 2. Da soli. Natale con i tuoi, Pasqua con chi puoi.

2.

Un sole come quello che c'era a Pasquetta non si vedeva da Ferragosto.

3.

Il calcio è fermo e quindi la Juve non è (ancora) stata eliminata dalla Champions League.

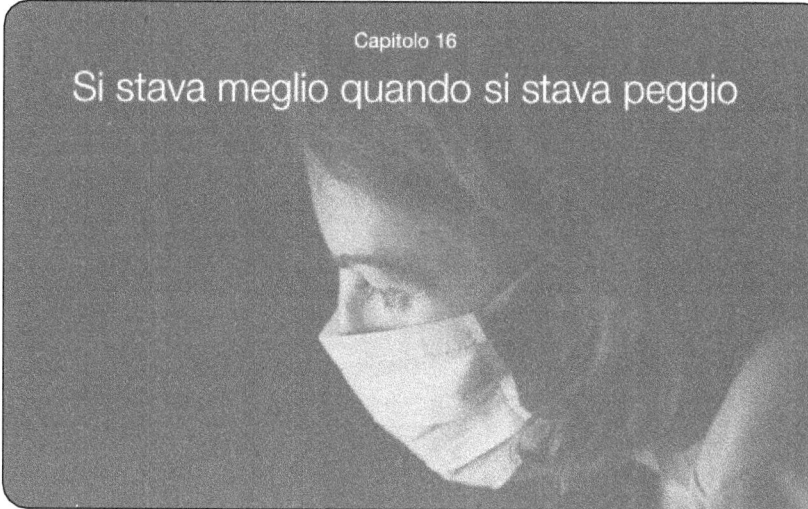

Capitolo 16
Si stava meglio quando si stava peggio

Nella Fase 1 abbiamo dormito, mangiato, bevuto, guardato la tv, letto, scritto, cazzeggiato, controllato il bonifico Inps, fatto la spesa, chiacchierato.

La Fase 2 è proprio necessaria?

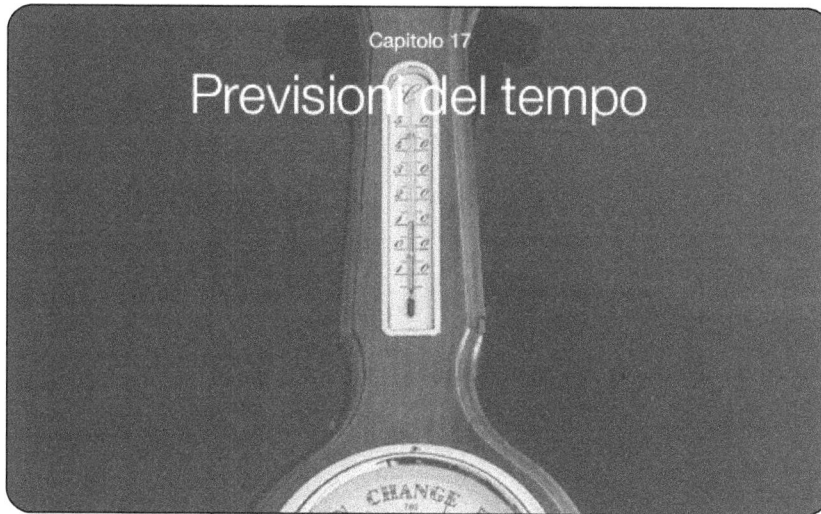

Capitolo 17

Previsioni del tempo

Le previsioni per oggi, 30 aprile 2020. Caldo e soleggiato in soggiorno. Possibili piogge in bagno.

A metà giornata e in serata temperature in aumento in cucina. Stabile nel corridoio e nelle camere. Nel pomeriggio rinfresca sul balcone.

Venti in aumento nello sgabuzzino sul versante aspirapolvere. Umidità in cantina.

Capitolo 18
L'amore crudo

Mi manchi.

Non te l'ho mai detto.

O, se te l'ho detto, non me lo ricordo.

Non riesco mai a dirti quello che penso davvero.

E neanche tu.

"Te lo dico quando ci vediamo" e poi non te lo dico mai.

Non ci vediamo da settimane.

Non molte, ma sempre troppe.

E quando ti vedo, quando ci sei, ti guardo.

Anche se tu non lo sai.

Anche se non te ne accorgi.

Anche se magari non ti interessa.

Sarà così anche la prossima volta.

Per l'ennesima volta.

Un'altra volta.

E non sarà l'ultima.

Perché mi manchi, sushi.

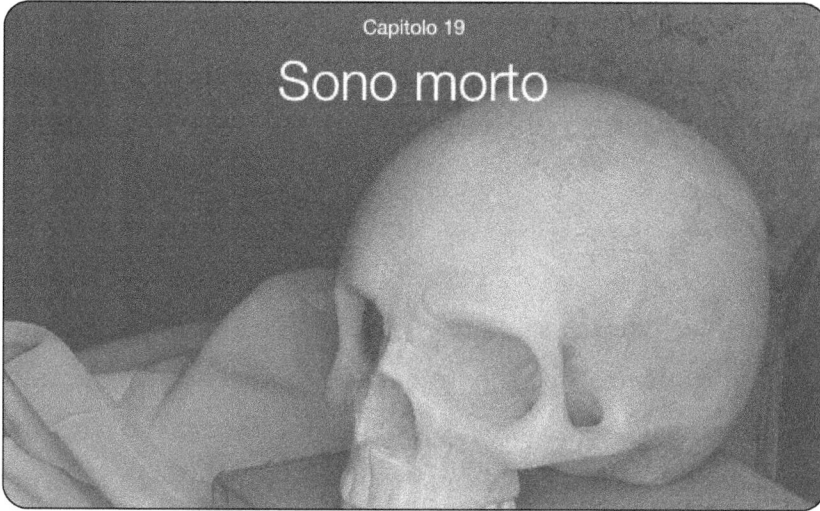

Capitolo 19

Sono morto

Ieri sono morto. Come? Non lo so. Di sicuro c'è la mano di Covid, che poi sia stato lui non ne ho idea. So che mi è mancato il respiro. Non ho fatto in tempo a dire niente. A pensare a niente. A guardare qualcuno, perché intorno a me non c'era nessuno. O meglio, qualcuno c'era.

Chi? Non lo so. Sembravano quasi vivi. O quasi morti. Quelli che erano nella mia stanza in terapia intensiva. Lì per lì non li ho guardati.

E sono morto.

È partito un "bip" lunghissimo e sono arrivati due infermieri, due ragazzi che non avranno avuto trent'anni. Una ragazza e un ragazzo. Hanno spento il bip. Mi hanno dato un paio di scosse col defibrillatore ma niente. Lui mi ha accarezzato gli occhi e me li ha chiusi, perché andandomene li ho lasciati aperti. Lei ha pianto ed è scappata via.

Sono morto.

E non ho potuto salutare nessuno. Nessuno ha potuto salutarmi mentre me ne andavo. Mentre mi chiudevano in questa bara. Nessuno verrà a salutarmi adesso che mi hanno messo in una fossa. Iniziano a ricoprirla. Vedo la terra. Vedo il cielo.

Capitolo 20

Mamma

Non posso, mà. Mi piacerebbe, sì. Salire quelle scale e abbracciarti. Ma non posso.

Vengo da te tutti i giorni. Io sulle scale, tu sulla soglia di casa. Mi guardi dall'alto in basso. Alzo gli occhi per guardarti, come quando ero piccolo. Parliamo. Magari fra qualche anno scopriremo che avremmo potuto avvicinarci.

Ma non posso. Non posso proteggerti da ciò che non vedo se non stando lontano da te. È una cattiveria, lo so. Ma sai che non è colpa mia. Che poi tutto 'sto casino lo faccio per te.

Io, se prendessi il virus, probabilmente ne uscirei bene. Magari non me ne accorgerei. Al massimo un po' di febbre, due starnuti e ciao.

Ma tu probabilmente no. Potresti stare male davvero. Rimetterci la salute. La pelle.

E allora no, non mi prendo il rischio. Preferisco guardarti da lontano. Dicono che ci sarà una cura efficace tra poco. Un vaccino, tra un po'. Entrambi però sappiamo che io resterò sulle scale e tu sulla soglia di casa per mesi. Sappiamo che siamo all'inizio.

Ma sappiamo anche che tutto questo finirà.

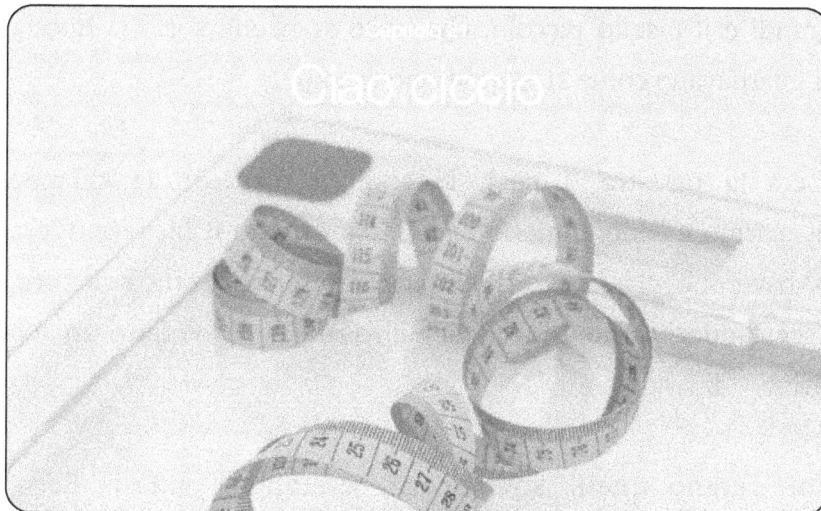

Capitolo 7

Ciao cioccio

Da quando Covid è entrato nella nostra vita, nella nostra casa, nella nostra quotidianità c'è qualcosa che è calato in maniera proporzionalmente inversa al conto in banca. Il peso.

Fino a febbraio eravamo tutti in forma. Quasi. La corsa. In Italia c'erano milioni di mezzofondisti, ma l'abbiamo scoperto dopo. Cioè, da poco. Vinceremo mille medaglie alle prossime Olimpiadi, quando le faranno.

C'era chi si allenava a casa. Chi andava a fare pilates. C'era chi andava a lezione di yoga e si avvitava come una scala a chiocciola. Che stava in equilibrio sui capelli a testa in giù. C'era chi andava in piscina. Torpedini de' noantri, quelli che superano in corsia mentre stai nuotando e ti pare pure che ti stiano sfottendo. C'erano quelli coi minicostumini, i pettorali grandi e il pisello piccolo, che nello stanzone sotto la doccia ti guardavano come si guarda uno scemo.

C'era la palestra. I pesi, i corsi, la tipa con le chiappe di marmo e l'energumeno che faceva cantare il bicipite. C'era il beverone classico che ti faceva pisciare a tutte le ore, asciugandoti come un'acciuga e chissene se avevi fatto un aperitivo   di troppo.

Poi c'erano quelli sovrappeso. C'erano i grassi. Ecco, ora con Covid siamo tutti così.

Capitolo 22

Per un pelo

Le domande sono tante. Ma ce n'è una che si fa sempre più insistente. Pressante. È una domanda che si fa largo con il passare dei giorni. Riguarda me. Te. Noi tutti. È un punto di domanda che riguarda il nostro passato, il nostro presente e anche e soprattutto il nostro futuro. È una domanda che ci tocca da vicino, nell'intimo.

Che ha a che fare con qualcosa che nessuno sa, che forse qualcuno vede ma che noi, solo noi, possiamo decidere. È una domanda tagliente, per nulla retorica. Una domanda decisiva. Che non si può più rimandare. Una domanda che ci può cambiare. Non per sempre, magari per un po'. Quanto basta.

Quando riaprono parrucchieri ed estetiste?

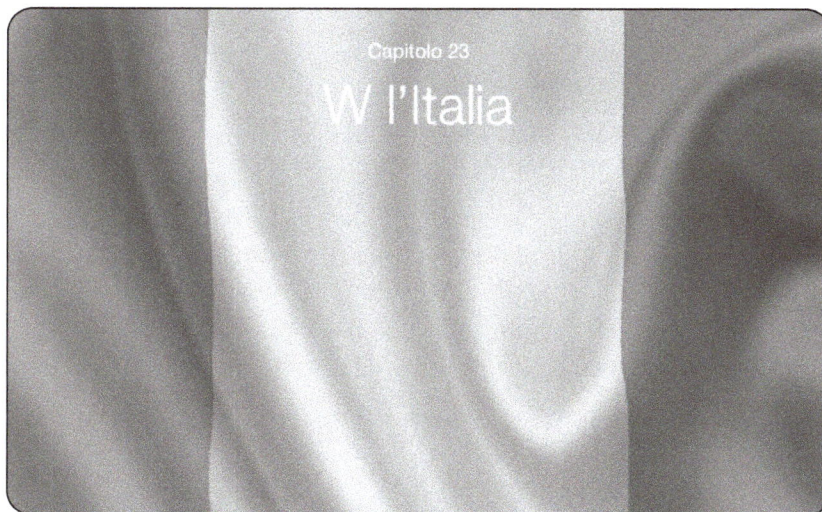

Capitolo 23

W l'Italia

Difficile vedere un'Italia così unita. Capita solo dopo la Nazionale, i terremoti o gli attentati. Godiamocela.

Perché, dopo che sarà andato tutto (più o meno) bene, torneranno - anche - gli italiani che odiano gli italiani. Che odiano gli stranieri. Che odiano chi sta meglio. Che disprezzano chi sta peggio. Che evitano chi sta peggio. Che invidiano chi sta meglio. Che si lamentano per un motivo. Che si lamentano senza motivo. Che non è mai colpa loro. Che è sempre colpa di qualcuno. Che noi ok, ma anche voi. Che fa tutto schifo. Che i politici rubano. Che gli immigrati rubano. Che gli arbitri son cornuti.

Difficile vedere gli italiani così solidali. Godiamoceli.

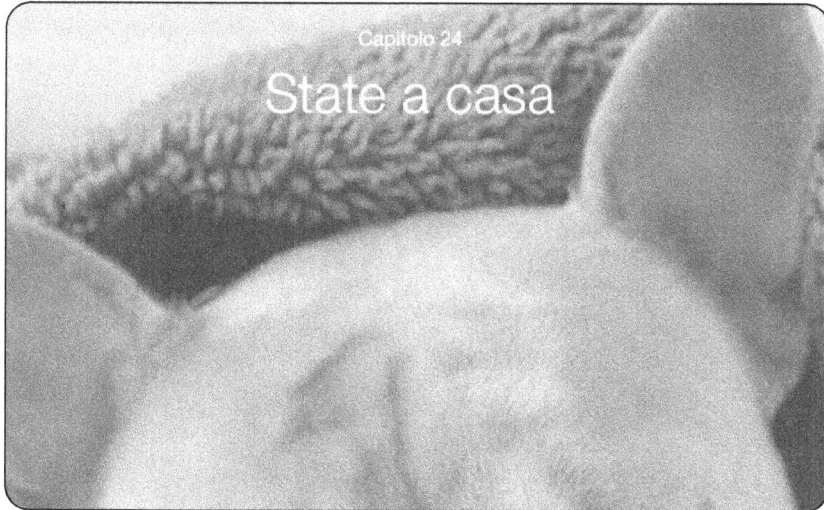

Capitolo 24

State a casa

State a casa. Avete una mamma, un papà, nonni, zii, persone che conoscete e frequentate che potrebbero essere a rischio (sopra i 65 anni)? Sì? Ok: state a casa.

State. A. Casa. State a casa.

#Milanononsiferma, #lItalianonsiferma sono delle cazzate. Sono. Delle. Cazzate. Vale più il tuo fottuto stipendio o la vita di un parente, un amico, qualcuno? Meglio 2 mesi in casa che 2 mesi in ospedale.

State a casa. A Milano. A Roma. A Palermo, Napoli. Ovunque.

Niente ristorante, niente aperitivo, niente shopping, niente vacanze, niente ufficio, lavoro, feste, cene, concerti, spettacoli, mostre, manifestazioni.

State a casa. Nelle zone rosse, gialle, verdi. Non conta il semaforo dell'allerta. Se un virus c'è al Nord c'è anche al Sud. Se al Nord si chiude tutto non è che al Sud si possa far festa.

State a casa. E se stando a casa realizzerete che non siete a vostro agio... beh, allora vorrà dire che quella non è la casa per voi. E vi comporterete di conseguenza. Ma... dopo.

State a casa. Per favore. Anzi, per forza. State a casa e basta.

State a casa. Ci abbracceremo quando sarà passata tutto. Quando non ci vedremo da un po'. Ma non adesso.

Capitolo 25

Zodiacovid

2020. Gennaio. Oroscopo.

Sarà un anno fantastico. Straordinario. Un crescendo rossiniano. Un climax di emozioni, soddisfazioni. Un tripudio di   fuochi d'artificio. 12 mesi di colori. Amore. Risate.

Una pioggia di soldi. La salute di ferro. Tenetevelo stretto, perché nel 2021 lo rimpiangerete.

2020. Breve riepilogo dei primi cento giorni.

A fine gennaio la terza guerra mondiale, dopo uno sgarbo degli yankee agli iraniani, è un passo. Poi la pandemia. Piacere, Covid

A seguire:

- Centinaia di migliaia di morti, probabilmente dieci volte tanto
- Invasione di locuste in Medio Oriente
- Crisi economica mondiale
- Rivolte nelle carceri
- Muore Sepulveda
- Eruzione Etna
- Eruzione Krakatoa
- Un asteroide viaggia verso la Terra
- Incendio nella zona di Chernobyl, pericolo radiazioni in Europa
- Feltri
- Mi si rompe il cellulare e i negozi sono chiusi

2020. Anno bisesto.

Capitolo 26

Il pallone sgonfiato

C'era un unico modo per far capire agli italiani che la situazione era grave: fermare il campionato di calcio. E il calcio, a un certo punto, si è fermato. In Italia. Nel mondo. Bocce ferme.

La domenica italiana cantata da Toto Cutugno - la messa, il pranzo dalla mamma, la partita - non c'è più. Per un po'. Fino a quando non si sa.

Niente anticipo del venerdì. Niente weekend sul divano. Niente posticipo del lunedì. Covid ha spento anche il Monday Night. Niente chiacchiere del fine settimana. Niente risultati. Nessun replay. Niente VAR.Niente Sky Calcio. Niente Domenica Sportiva. Niente DAZN, che ancora non ho capito come si legge. Niente Leotta, mannaggia. Niente Gazzetta.

Niente   pagelle. Niente fantacalcio. Quello con gli amici. Quello coi colleghi. Niente pallone.

In tv, ma neanche quello dei bambini al parco, a scuola, sotto casa. C'è solo quello dei videogiochi.

Niente stadio. La maglia nel cassetto. La sciarpa. I colori. Niente scudetto, niente coppe. Tutto fermo.

Sì, la situazione è grave.

Capitolo 27

Pompei è passato remoto

Non c'è più arte, con il Covid. O meglio, c'è ma non si vede. Non si va più nei musei. A teatro. Al cinema.

Hanno cancellato i concerti. Se avete acquistato un biglietto per un evento, vale per la prossima volta. Chissà quando.

Gli artisti sono chiusi a chiave. Producono. Pensano. Scrivono. Creano. Dipingono. Disegnano. Compongono. Suonano. Cantano.

Bocelli ha cantato nel Duomo di Milano. Da solo. Banksy ha partorito i suoi topolini, un marchio di fabbrica, nel bagno di casa. Ma non è la stessa cosa.

E il nostro patrimonio artistico è sempre lì, ma nessuno va a vederlo. Venezia è sempre lì. Vuota è ancora più bella, certo. L'acqua dei canali è di un azzurro mai visto. Si vede addirittura il fondo. Ok. Ma una cosa è bella quando qualcuno la vede e l'apprezza. La tocca.

Quasi quasi manca il casino. I turisti. Le navi da crociera no, quelle non mancano. La bellezza di Roma è sempre lì. Palermo. La Sicilia. La Sardegna. Napoli. Firenze, Matera, Lecce. Pompei. I trulli. Milano. Il Cenacolo, il Duomo. I borghi.

Ci sono solo in fotografia. Nei video. Nei ricordi passati che sembrano di ieri, o forse più in là. Remoti. Lontani, che speriamo tornino domani.

Ci saranno sempre. Ma mancano.

Manca persino il Molise.

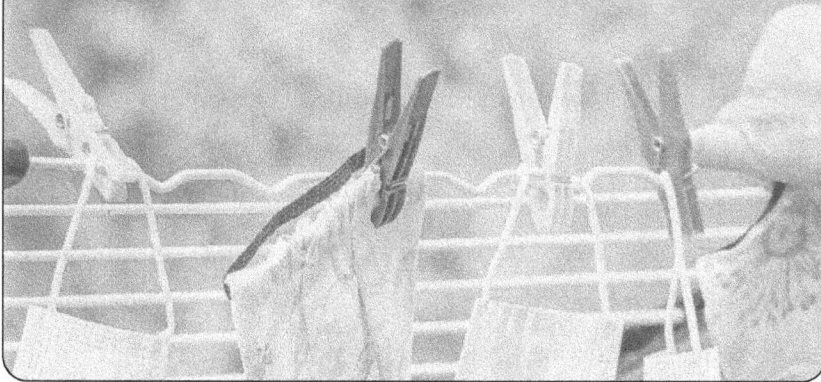

Capitolo 28

Quello che non abbiamo capito

Non capisco. E non so se lo stupido sono io. Non capisco niente di come intendono uscire dalla crisi economica.

Non capisco niente di fondi comunitari, MES o non MES, di prestiti, coronabond (parente di James?).

Non capisco quando parlano. Non capisco perché da una parte dicono che arriveranno tanti soldi dall'Europa e dall'altro che ne saremo schiavi.

Non capisco la Fase 2. Non capisco se sia la stessa per tutti. Ed è prevista una Fase 3? In che termini?

Non capisco la storia dei tamponi. La vicenda dei test sierologici. Funzionano? Servono? A chi li fanno? Quando? Non ci capisco niente di pazienti zero, droplet, molecole killer, curve epidemiche, sorveglianza digitale, dispnea, infodemia, DPCM, DPI, saturimetri, superdiffusori e batteri.

Non capisco se devo continuare a starnutire facendo la DAB.

Non sono esperto in nessuno di questi ambiti, naturalmente, come tutti. Più che altro vorrei capire come comportarmi. Soprattutto se essere preoccupato, pessimista o moderatamente pessimista. Ottimista, purtroppo, non credo. Mi piacerebbe solo avere una prospettiva.

Non capisco perché in tanti siano tifosi degli uni e tanti degli altri. Ma in un momento come questo non dovremmo tifare per la stessa squadra?

Capitolo 29
Covid generation

Gentile Preside,

sono una madre preoccupata. Ma non per il lavoro, che non ho più. Non per mio marito. Che gira in tuta per casa, non si lava, sembra un barbone, dorme sul divano, beve come una spugna, rutta e scoreggia ogni cinque minuti. Era così anche prima, solo che lo vedevo meno.

No, le scrivo per via di Andrea. A 15 anni dovrebbe essere abbastanza grande per adattarsi alla situazione. Ma non so se lo sta facendo. Prima interagiva. Non molto, però con noi un po' si sforzava. Strimpellava la chitarra. Credo avesse una ragazza, ma non me l'ha mai detto. Era un tipo piacevole, comunque sveglio

Ora in pratica non parla da un mese. Al mattino si alza, fa colazione e poi si chiude in camera sua, davanti al pc. Guarda le videolezioni. Non credo partecipi granché perché anche quando era in classe seguiva poco. Mi pare di aver capito che lo promuoveranno comunque, o no? Mi sa che l'ha capito anche lui.

E poi credo abbia perso l'uso della mano destra, quella con cui tiene lo smartphone. O almeno di quattro dita su cinque perché muove solo il pollice. Non strimpella più. E parla solo con il telefono.

Non fa telefonate, manda solo messaggi. Ieri sera stavamo cenando, si alzato, si è messo in un angolo e ha detto "sì". Ma se devi mandare un vocale per dire di sì ti devi isolare? Poi si è seduto. Un minuto dopo si è alzato di scatto, è tornato nell'angolo e ha registrato un altro messaggio: "Ok".

L'ho guardato come il bambino di E.T. ha guardato E.T. quando l'ha visto la prima volta. Ormai lo disturbo soltanto "in ore pasti". Poi scompare dietro la porta della sua stanza.

Mi sono fatta una ragione del fatto che ascolti della musica terribile. Che parli una lingua incomprensibile. Scialla, zia. Easy. L'altra volta ha assunto un'espressione che sembrava divertita e mi ha detto "swaaaaag!". Suo padre, con la delicatezza che spesso lo contraddistingue, gli ha detto "Ma che cazzo stai dicendo?". Vabbè.

Mi sono fatta una ragione del fatto che abbia messo a lavare due mutande in un mese. Mi sono fatta una ragione del fatto che sarà promosso probabilmente senza averne il merito, ma è andata così. Spero che impari qualcosa.

Però sono preoccupata. Ieri era Andrea. E domani?

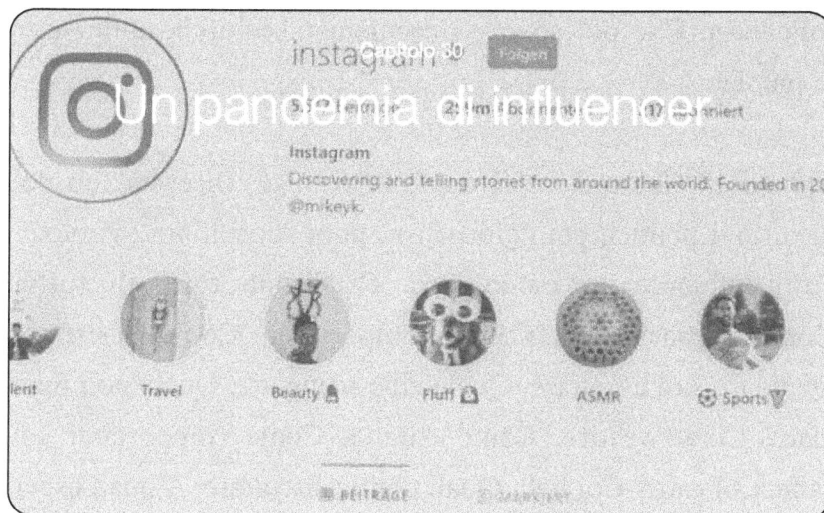

Capitolo 80
Un pandemia di influencer

Normale influencer. Poco più di un'influencer. Dicevano. Epidemia, speravano. E invece no. Pandemia. Che non c'entra coi panda. La pandemia di influencer è arrivata ovunque. E sono spuntati così. A prescindere dalla quarantena. Dalle mascherine.

Influencer, che il nome è molto adatto all'era del Covid. Tutti a casa. E allora tutti fanno un video. Lo registrano, o anche in diretta. Tutti dicono la loro pretendendo che tutti gli altri ascoltino. Alcuni a ragion veduta. Molti no.

Con i pantaloni del pigiama e la camicia e la cravatta. O pigiama e cappellino. Maglietta trendy. Pettinati. Con uno sfondo studiato. O il muro. Gli scaffali della cucina. Della camera da letto.

71

Influencer. Che poi sono gli opinionisti, solo che influencer fa più figo.

Influencer. Che una volta erano solo in tv. Dicevano un po' di tutto. I politici, poi i giornalisti, poi i cuochi, ora i virologi. Tutti influencer, a modo loro. Ci dicono tutto di tutto. Come sopravvivere. Come comportarci. Come resistere. Quale musica ascoltare. Quale cibo mangiare. Quale non mangiare. Come vestire. Come curarci. Come comportarci col cane. Col gatto. Coi figli. Quali politici ascoltare. A quali esperti credere. Cosa sperare. Come sperare.

Passerà il virus. Resterà l'influencer.

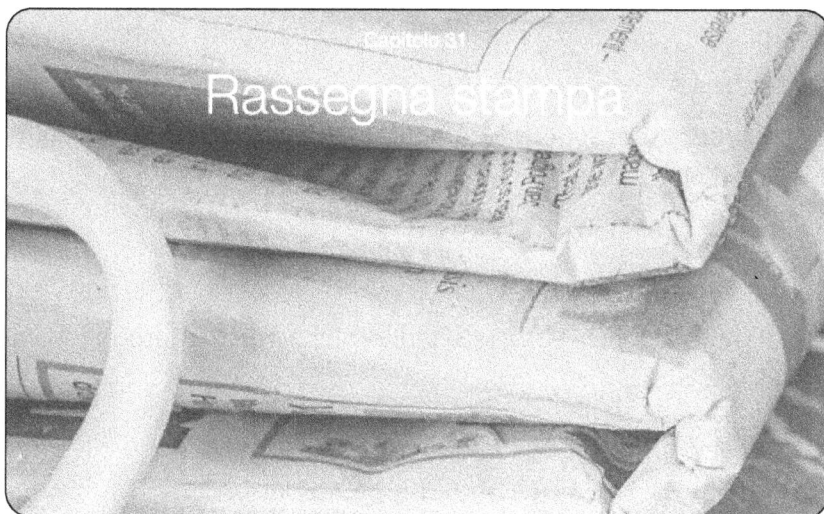

Capitolo 31
Rassegna stampa

In questo periodo è tutto fermo, ma succede di tutto. Ne
capitano di tutti i colori, tanti non riescono a stare casa
e quindi si leggono notizie come queste. Tutte vere.

A Firenze un 33enne è stato fermato ma aveva l'autocertifica-
zione. C'era scritto che stava andando a comprare della droga.
Un uomo è scappato da Lodi a Messina. L'hanno fermato
ai controlli prima dello Stretto e ha detto che non sopportava
la moglie.

A Salerno hanno tirato un secchio d'acqua a una signora
che camminava per strada. Pensavano avesse violato la quarantena. Era una farmacista che tornava a casa dal lavoro.

A Montesilvano, in Abruzzo, un tizio è andato a fare jogging ed è stato ripreso duramente da un vicino di casa, affacciato al balcone. Allora il tizio è andato a prendere un martello enorme e gli ha sfasciato la macchina. Sembrava una scena de "Il Grande Lebowski".

A Milano un uomo, rincorso dalla Polizia, si è tuffato nel Naviglio per non farsi beccare. L'hanno beccato. Sempre a Milano un contadino di Pavia ha caricato una statua della Madonna sul trattore ed è arrivato fino in Duomo per pregare. Multato.

A Nova Milanese un ladro ha starnutito al supermercato ed è scappato con la spesa.

Sei anziani di Castano Primo, provincia di Milano, si sono imboscati in campagna per giocare a briscola violando il divieto di uscire di casa. Prima hanno eluso la sorveglianza dei familiari con scuse che andavano dalla visita medica alla coda per fare la spesa. Poi hanno evitato i controlli della Polizia recandosi al luogo del rendez-vous in bici o a piedi. All'alba del giorno stabilito hanno portato sul posto un tavolo e sei sedie. Poi però hanno iniziato a giocare e a imprecare a voce alta come se Dio fosse sordo. Qualcuno li ha sentiti. Li hanno beccati. Niente multa, solo una ramanzina.

Vicino a Mantova un tizio è stato beccato mentre girava per le strade di un paese vestivo da T-Rex viola. La stessa cosa è successa a Pisa, ma non era lo stesso tizio.

In una casa del centro di Bologna un indiano è stato beccato dai Carabinieri mentre si masturbava dalla finestra. Pare lo facesse spesso, rivolto verso la finestra di una vicina che, però, l'ha denunciato. Quando gli agenti hanno bussato alla sua porta, l'uomo ha ammesso le sue responsabilità. La moglie gli ha dato del 'cretino' e poi ha commentato così: "Ti avevo detto di smetterla, ma tu non mi hai ascoltata".

A Carpi uno è stato multato perché aveva portato a spasso al parco (chiuso) il suo criceto. Ha provato a giustificarsi: "Ha bisogno di distrarsi, a stare a casa è diventato irascibile".

A Ragusa hanno beccato un uomo a spasso con una pecora. In Campania uno con il pappagallo al guinzaglio.

A Treviso uno in giro solo col guinzaglio. Quando lo hanno fermato ha detto che il cane era scappato.

Vicino a Modena uno ha forzato un posto di blocco, è scappato, l'hanno inseguito e bloccato: "Devo andare a fare l'amore". Sempre in zona, all'inizio di marzo, in un paesino dai rubinetti delle case è iniziato a uscire il Lambrusco invece dell'acqua.

Tra Piacenza e Cesena un giorno di fine marzo hanno fermato l'auto di un uomo di 37 anni: "Sto andando da un mio amico che è stato morso da uno squalo a una gamba", ha detto agli agenti della Questura.

A Imola il vescovo nell'omelia ha dedicato un pensiero ai "morti di CONAD".

All'estero, in Spagna i tifosi di Barcellona ed Espanyol – le due squadre di calcio della città – hanno organizzato un evento di beneficenza in ospedale. Che però non c'è stato perché quando si sono incontrati hanno iniziato a menarsi.

In Inghilterra Liam Gallagher fa i video in cui storpia le canzoni degli Oasis e canta "Wonderwash" e "Champagne Soapernova".

In Germania il Re della Thailandia si è chiuso in isolamento con 20 concubine.

In Bangladesh 100mila persone si sono riversate in strada per il funerale di un imam.

In India hanno costretto dieci turisti che avevano violato il lockdown a scrivere 500 volte "I'm sorry". Sempre da quelle parti sono nati due gemelli che sono stati chiamati Covid e Corona.

In Cina due medici si sono ammalati, sono stati intubati e poi, per fortuna si sono risvegliati. Stanno abbastanza bene. Ma sono diventati neri.

Trump, dopo una giornata con 3000 morti, ha detto di curare il Covid con iniezioni di disinfettante. Poi ha suggerito di usare anche la luce solare o, in alternativa, i raggi ultravioletti.

In Uganda il presidente è entrato in modalità-Barbara Bouchet e in tv dà lezioni di fitness. Pensa se lo facesse Mattarella.

Capitolo 32

Epilogo: dal finestrino

E allora prendo la macchina e vado a fare un giro. Lo ammetto, non ho bisogno di fare la spesa. Ho bisogno di prendere aria. Di vedere cose in movimento. Di vedere cose, in generale. Inizio ad averne abbastanza degli arresti domiciliari. Se mi fermano dico che sto andando al supermercato.

Faccio 100 metri e mi fermo al semaforo. Rosso. Guardo a destra, a sinistra, davanti, dietro. Nessuno. Nessuno sul marciapiedi. Passa un'ambulanza. La sirena è la colonna sonora di questo periodo, l'unica cosa che senti quando apri una finestra.

Riparto. In piazza è aperto il panificio. C'è la coda. È aperta anche la farmacia. Mi fermo, mi serve una cosa. Parcheggio.

Il parcheggio è vuoto ma dovrei mettere il disco orario. Che faccio? Chissene, faccio in fretta. Fatto.

Riparto. Giù i finestrini. Fa caldo. Speriamo che il caldo ammazzi il virus. L'ha detto uno che pare sia stato candidato al Nobel. Tarro, si chiama. Burioni ha detto che se quello era candidato al Nobel lui ha fatto miss Italia. Quell'altro non l'ha presa bene, gli ha risposto male. A naso mi sta più simpatico quell'altro, Burioni ormai sta in tv più della D'Urso.

Ecco, un cretino che fa jogging. Amico mio, anche secondo me non c'è pericolo se vai a correre. Ma se sto a casa io devi farlo anche tu. Coglione. Ah, è vero: anche io sono in giro senza motivo. Vabbè.

Aria, aria in faccia. È una giornata stupenda. Il centro sportivo è chiuso. Nel cantiere di fianco c'è l'erba alta. Dovevano costruire. Dovevano. Chissà quanto costeranno le case, dopo. Si abbasseranno gli interessi sui mutui? O i prezzi? Boh.

Vado piano, così dura di più. Voglia di un caffè, ma i bar sono chiusi. Chissà quanti potranno riaprire. Rallento per leggere il cartello davanti al fioraio: "Cessata attività causa Covid". Peccato, era un simpatico vecchietto. Fanculo, Covid.

Domenica mattina, ma fuori dalla Chiesa non c'è un'anima. Dentro, il parroco parla da solo. Ho caricato una chiavetta usb con una playlist della madonna. Canto a squarciagola, non lo faccio da settimane.

Non sto andando da nessuna parte, ma non ho voglia di tornare a casa.

L'autore

Matteo Corfiati (1977) - giornalista, autore televisivo ed esperto di comunicazione - collabora con i più importanti network italiani.

Milanese, è irresistibilmente attratto dalla cronaca, dallo sport e dalla musica. Adora la sintassi, rispetta le virgole ed è intollerante con chi le sparge come il parmigiano sulla pasta.

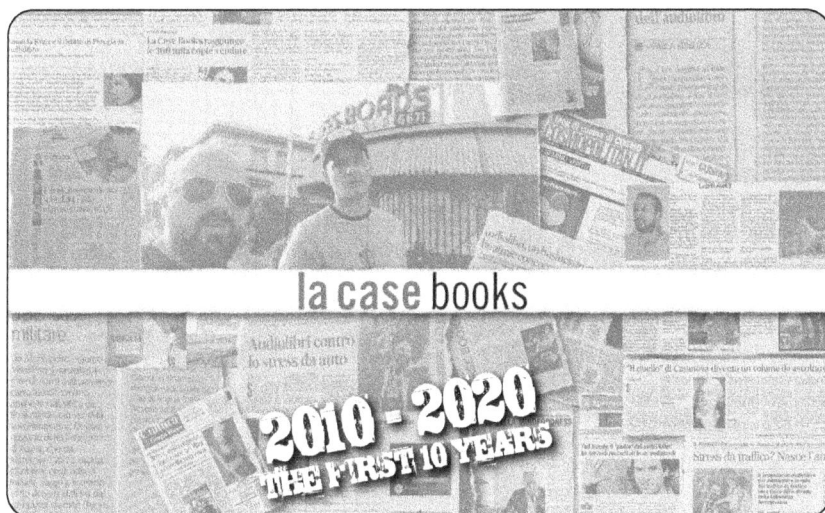

LA CASE Books è un progetto editoriale nato nel 2010 da un'idea di Jacopo Pezzan e Giacomo Brunoro.

Agli inizi del 2010 infatti Pezzan, che vive a Los Angeles, capisce che quella dell'editoria digitale non è una semplice scommessa sul futuro ma una realtà concreta.

Quando in Italia non era ancora possibile acquistare ebook su iTunes e Kindle Store era attivo soltanto negli Stati Uniti, LA CASE Books inizia a pubblicare ebook e audiolibri in italiano e in inglese sul mercato mondiale.

La linea editoriale è volutamente ULTRAPOP: testi di infotainment, per la maggior parte saggi e monografie che si leggono o si ascoltano in qualche ora, con incursioni nella fiction privilegiando storie dinamiche che spaziano nella narrativa di genere.

Matteo Corfiati

Quello che abbiamo capito del virus

1a Edizione

ISBN: 9781949685961

Copyright © 2020 LA CASE

LA CASE Books

PO BOX 931416, Los Angeles, CA, 90093.

info@lacasebooks.com || www.lacasebooks.com